Lb 45

AVÉNEMENT

AU TRONE

DE S. M. CHARLES X,

ROI DE FRANCE ET DE NAVARRE;

ET

SON ENTRÉE DANS PARIS

LE 27 SEPTEMBRE 1824.

Du Ciel et des Bourbons, il est permis d'attendre
Chaque jour de nouveaux bienfaits.
Quel avenir pour les Français!!!
Nous perdons un bon Roi, Charles va nous le rendre!

PARIS,

CHEZ TIGER, IMPRIMEUR-LIBRAIRE,

RUE DU PETIT-PONT, N° 10.

CHARLES X.
Né à Versailles

AVÉNEMENT

AU TRONE

DE S. M. CHARLES X,

ET

SON ENTRÉE DANS PARIS.

Superbe Lutèce, cité glorieuse et immortelle, ton peuple innombrable est dans l'ivresse du bonheur! Qui cause ces nobles transports, cette joie si unanime, si vraie? j'entends les cris mille fois répétés de vive le Roi! vivent les Bourbons! Ces cris précurseurs de la gloire annoncent la félicité de la France! C'est Charles X qui s'avance, qui entre dans sa bonne ville de Paris. Plus heureux que son illustre aïeul, le grand Henri, il n'est pas le *vainqueur de ses sujets*; mais, aussi bon, aussi généreux que lui, il *en sera le père!*

Le voilà ce prince aussi recommandable par ses brillantes qualités que par son auguste naissance. Il monte à regret sur le trône de ses ancêtres : heureux d'être le second des mortels, jamais son cœur n'a désiré de faire un pas de plus pour en être le premier. La providence en a ordonné autrement ; il s'y résigne pour notre bonheur ; ce sera maintenant son unique étude : comment en douter ; c'est un Bourbon !

Français ! soyez fiers de vos destinées ; vous avez pour Roi, pour souverain, pour maître, le modèle des chevaliers ! Quel noble sang coule dans ses veines ! Heureux le jour qui nous rendit un *Français de plus*, un prince qui sécha les larmes des mères éplorées, dont les fils étaient dévorés par le démon de la guerre. Elles retentissent encore à vos oreilles, ces paroles consolantes et sacrées! le comte d'Artois les prononça, en revoyant le palais de ses pères! Heureux Français! ce prince magnanime, si franc, si loyal, si généreux; ce Bourbon, est aujourd'hui votre roi!

Saluons Charles X, tombons aux genoux de notre père, et prions le Dieu protecteur de la France de nous le conserver long-temps.

Ce prince, digne fils de ses ancêtres, a, comme son auguste frère, appris à gouverner à l'école de l'expérience. Les nombreux bienfaits qui signalent déjà les premiers jours de son règne, prouvent que jamais un pilote plus auguste et plus sage ne guida le vaisseau de l'état.

& En admettant son fils bien-aimé, Mgr. le Dauphin, un héros, dans ses conseils, il a voulu récompenser sa vertu, son courage, honorer ses hauts faits : c'est Mentor qui s'adjoint Télémaque. O famille auguste et sacrée ! quelle source inépuisable de vertus jaillit chaque jour de vos cœurs, de vos âmes vraiment royales ! O Bourbons ! de quelle essence pure et céleste êtes vous donc formés ! ! ! Français ! remerciez le Ciel, rendez grâce au destin, vous les avez pour Rois ! Saluons Charles X par les plus tendres et les plus vives acclamations ; il entre dans Paris, à la tête de cette garde nationale si fière de l'avoir pour chef :

A la tête de ces braves qui veillent autour de sa personne sacrée et de son auguste famille.

Ils ont marché à la victoire, cueilli des lauriers sous les ordres de son au-

guste fils; et leurs nobles cœurs pal-
pitent en songeant que leur général
porte un nouveau titre qu'un de ses
illustres aïeux couvrit de gloire aux
champs de Fontenoi. Il voulut s'élancer contre les phalanges ennemies pour
décider la victoire (*).

Le vainqueur du Trocadéro, le pa-
cificateur de l'Espagne, notre auguste
Dauphin est digne de ses ancêtres; il
est le fils de Charles X, de ce Roi sen-
sible et généreux, qui n'a remporté de
victoires sur ses ennemis que par ses
vertus. Cette gloire vaut bien celle qu'on
acquert sur le champ de bataille; elle
est moins brillante; elle éblouit moins
la multitude. Mais qu'elle a de charmes!
si elle fait couler des pleurs, elles sont
d'ivresse et de bonheur!

(*) Monseigneur le Dauphin voulut se
mettre à la tête de la maison du Roi et char-
ger l'ennemi; on arrêta ce généreux élan.

O Charles X! ô mon Roi! ce sont ces douces larmes qui interrompent les acclamations que font naître ta présence, et que l'amour et le respect inspirent à tes fidèles sujets. Eh! comment leurs cœurs ne seraient-ils pas émus? Comment les Français ne seraient-ils pas déjà pénétrés de reconnaissance? Tu assures, tu consolides les institutions nées de la sagesse de celui que tu nous rends! Tu les perfectionne en quelque sorte par un nouveau suffrage aussi juste qu'éclairé; et du Ciel où ils sont réunis, les Bourbons disent avec la plus vive, la plus tendre émotion: Charles X est bien notre fils! veillons sur lui, inspirons le, comme nous le fûmes nous-mêmes; et il fera des heureux, et ses sujets le béniront. Français! voyez ce prince, voyez Charles X, digne héritier, digne fils de Saint-Louis et d'Henri IV; il ne croit point tenir sa couronne de sa naissance, mais de ce Dieu qui la donne à ceux qui, comme lui, méritent de la porter, et il vient dans son temple pour le remercier de ses faveurs, le prier de les répandre sur son peuple; et ce n'est qu'après avoir rempli ce devoir sacré, ce devoir d'un Roi de France, d'un Roi Très-Chrétien, qu'il croira qu'il lui est permis d'entrer comme Roi dans le palais de ses pères. Les plus grands Rois, les plus grands héros étaient tous religieux.

Charlemagne se rendit à Rome pour recevoir la couronne des mains du successeur de Saint-Pierre.

Si Saint-Louis tient une si belle place dans l'histoire, il la doit autant à sa piété qu'à son courage et à ses vertus, et la première les fit naître.

Charles VII recouvra la sienne, grâce à cette Jeanne d'Arc, dont le courage lui fut accordé par le Dieu des armées.

Henri IV voulut tenir sa couronne du Dieu des Chrétiens.

Louis XIV, au lit de la mort, recommanda la crainte de Dieu au Dauphin, son successeur.

Louis XVI puisa dans la religion la force et le courage qui lui ont valu l'immortalité, le respect et l'admiration qui se perpétueront dans l'avenir.

Louis XVIII, de glorieuse mémoire, lui rendit tout son éclat à cette religion sainte.

Jetons les yeux sur des hommes moins augustes, mais qui furent des héros dont la France peut s'enorgueillir. Turenne écrivait à Louis XIV : J'espère, avec *l'aide de Dieu*, battre l'ennemi. Catinat disait aussi : *Dieu aidant*. Ces grands hommes imitaient leurs rois, leurs souverains ; ils peuvent servir de modèles sur le champ de bataille et dans toutes les actions de leur vie.

Charles X., notre Roi, suivra les exemples de ses ancêtres. Les Français furent heureux, furent comblés de biens sous le règne des Bourbons, ce bonheur s'accroîtra encore de cette bonté qui caractérise le Roi que la Providence vient de nous donner.

Quelle auréole de gloire nouvelle entoure les lis et s'élève au dessus du trône des Bourbons, pour le signaler à l'admiration de l'univers, des rois et des autres peuples de la terre ! O France ! *ô terre de promission !* sois, sous tes Rois légitimes, un nouvel *Eden !*

La France, berceau de ces antiques Gaulois qui s'emparèrent du Capitole, qui furent sur le point d'imposer des lois aux Romains, à ces maîtres de la terre, n'a rien perdu de son antique splendeur, de sa noble origine. César regardait la soumission des Gaules comme le plus beau fleuron de sa couronne, comme la plus belle palme que lui eût accordé la victoire, fidèle à ses drapeaux. Les Gaulois furent sur le point de la lui ravir; il ne dut le triomphe qu'à son génie; et si la valeur seule avait eu des droits à conquérir le champ de bataille, il appartenait aux Gaulois, à vos ancêtres, généreux Français.

Notre sol, si fertile, fut toujours l'objet de l'envie des autres nations; dans tous les siècles, dans tous les temps, ils ont essayé, mais en vain, de s'y établir.

C'est pour nous seuls qu'il fut créé: elle cesserait d'être la même, cette noble France, si nous cessions de l'habiter, si les Bourbons n'y régnaient plus : eux seuls savent diriger, guider un peuple qui s'est tellement identifié avec eux, qu'ils sont inséparables. Le sort, les caprices du destin ont beau les séparer, une douce sympathie les

rapproche, fait disparaître les distan-
ces. C'est ainsi que pendant vingt-cinq
ans d'exil, d'antiques souvenirs, une
amitié, un amour qui ne pouvaient s'é-
teindre, réunissaient idéalement les
Français avec les Bourbons. Les vœux
de chacun franchissaient les plus fortes
barrières, l'immensité des mers, s'élan-
çaient vers la zone hyperborée, et tous
se disaient : Un jour nous nous rever-
rons, et nous sentirons bien mieux le prix
d'une union qui deviendra éternelle.

Sur le champ de bataille, sous les
diverses bannières, on s'estimait en
versant dans tous les partis un sang
qui dut être précieux, et c'était celui
des héros ! des Français !

Tout est changé. La France n'a plus
qu'un Roi, et n'a plus qu'un cœur ou-
vert aux plus nobles, aux plus généreux sentimens, à l'amour de la légiti-
mité et des Bourbons !

L'avénement de Charles X au trône

(14)

de Saint-Louis forme une nouvelle ère pour les Français; elle cicatrise, elle ferme toutes les plaies que nous devions à trente ans de malheurs et d'aberrations politiques. Toutes les opinions divergentes se réunissent, se fondent dans un seul sentiment, et ce sont les Bourbons qui l'inspirent et en font la base. C'est un miracle opéré par la raison, qui nous ramène au principe de toute félicité, à la religion!

L'avénement de Charles X au trône, le calme religieux avec lequel il s'est opéré, est la plus belle hécatombe que l'on pouvait offrir au Roi législateur, au philosophe chrétien, pour lequel les tombeaux de Saint-Denis viennent de se rouvrir.

Le peuple français s'est honoré en rendant hommage à ses Souverains; il est revenu à son caractère primitif, à cette douceur qui l'avait toujours distingué et fait prendre pour modèle.

N'est-ce donc pas chez nous que les autres peuples venaient prendre des leçons d'urbanité, de civilisation?

Français! redevenons nous-mêmes, et nous ne craindrons point d'émules ni de rivaux! nous pourrons nous élancer de nouveau dans la carrière des sciences, des lettres et des arts. Le Dieu des talens et du goût viendra fixer à jamais son séjour en France, prendra place près du trône, et le siècle de Charles X fera époque; et ses aînés, ceux d'Auguste, de Léon X, des Médicis, de Louis XIV, auront perdu leur supériorité sans perdre de leur gloire.

C'est aux Français seuls qu'il est réservé de forcer la nature à opérer pour eux de semblables prodiges, à les offrir de nouveau à l'univers étonné.

Français! poursuivez le cours de vos glorieuses et immortelles destinées sous Charles X, ajoutez à son nom un titre digne de lui, digne de vous, de son auguste famille, de ce prince, le héros de la France et le nouveau *Cid* de l'Espagne! digne de son épouse, dont le nom est le synonime de toutes les vertus, de tout ce qui est grand, beau, généreux, sublime! De cette princesse qui, dans la fleur de l'âge, veuve du bonheur, assura le nôtre en nous donnant un autre Henri!

Digne de ces princes que Charles X rapproche de lui par amour, par amitié, en reconnaissant de nouveau qu'ils sont de son sang.

Français! imitons notre Roi, formons, s'il est possible, une nouvelle alliance avec les Bourbons, avec cette auguste Famille; répétons ce mot du bon Henri IV à Sully, pour mieux resserrer les nœuds si doux qui nous unissent. Entre les *Français et les Bourbons,* c'est à la mort et à la vie. Vive CHARLES X! Vivent les BOURBONS!

CHANSON

Sur l'entrée de S. M. CHARLES X dans sa bonne
ville de Paris.

AIR : *Tra la, la! tra la, la!*

PARIS est sans dessus d'sou ;
D' plaisir tout l' mond' paraît fou ;
On court au d'vant Charles dix ;
Chacun dit : J' tenons l' Phénix !
  Viv' le Roi !
  Viv' le Roi !
Ce nom cause un doux émoi.
  Viv' le Roi !
  Viv' le Roi !
C'est à sa santé que j' boi !

Près d' lui j'aperçois l' Dauphin ;
A la guerr', c'est un *malin* :
On sait d'ailleurs qu'un Bourbon
N'eut jamais peur du canon.
  Viv' le Roi !
  Viv' le Roi ! etc.

N'oublions pas c't'ang' de paix,
La bienfaitric' des Français ;
La mère..... du jeun' Henri,
Qui vaudra l'.duc de Berri!
Viv'. le Roi !
Viv' le Roi !
Ce nom cause un doux émoi.
Viv'. le Roi !
Viv'. le Roi !
C'est à sa santé que j' boi !

Vidons les brocs, les flacons,
Pour célébrer les Bourbons !
Qu' tous les échos d'alentour
Répettent nos chants d'amour.
Viv' le Roi !
Viv' le Roi !
Ce nom cause un doux émoi.
Viv' le Roi !
Viv' le Roi !
C'est à sa santé que j' boi !

Par un POMPIER.

FIN

De l'Imp. de TIGER, rue du Petit-Pont, n. 10.